AF221221

Fritz Scholz

Neue Fabeln

Belletristik

Impressum

Bibliografische Information der Deutschen
Nationalbibliothek:
Die Deutsche Nationalbibliothek verzeichnet diese
Publikation in der Deutschen Nationalbibliografie;
detaillierte bibliografische Daten sind im Internet über
http://dnb.dnb.de abrufbar.

© 2023 Fritz Scholz

Herstellung und Verlag: BoD – Books on Demand, Norderstedt

ISBN: 978-3-7526-4308-4

Für Freunde der Fabel und Wahrheit

INHALTSVERZEICHNIS

INHALTSVERZEICHNIS

Vorwort

Fabeln sind zeitlos. Sie enthalten Weisheiten, die lange Essays verdienen, in der Fabel aber kurz und prägnant formuliert sind. Lohnt es sich, noch neue Fabeln zu schreiben? Ich glaube ja, da jede Zeit die ewigen Stärken und Schwächen der Menschen in neuen Formen zeigt. Fabeln sind auch deshalb zeitlos, weil sie nicht dem Zeitgeist verpflichtet sind. Einige, der in diesem Büchlein aufgeschriebenen Fabeln, greifen alte Motive auf, viele betreffen neue, deren Botschaften jedoch über die Gegenwart hinausreichen.

F. Scholz
März 2023

Lob des Zweifelns

Schon ein Kind zweifelt, wenn es warum, weshalb, weswegen fragt, denn es glaubt nicht einfach, halte die Hand nicht ins Feuer, laufe nicht auf die Straße, nimm den Sand nicht in den Mund.

Größere Kinder verlernen oft das Zweifeln, denn man sagt ihnen, die Älteren haben immer recht. Wenigen bleibt das Zweifeln erhalten.

Viele Menschen gewöhnen sie sich in ihrem späteren Leben daran, anderen zu vertrauen, ohne noch zu zweifeln.

So kommt es, dass die meisten Erwachsenen nicht mehr anzweifeln, was immer ihnen gesagt wird, ganz besonders, wenn Regierende oder Studierte sprechen. Dabei sind es gerade die wahren Wissenschaftler, die alles anzweifeln, was sie nicht durch Untersuchung und kluges Bedenken als wahr befunden haben. Der Zweifel ist die Grundlage aller Erkenntnis, allen Fortschritts, aller Wissenschaft.

Deshalb, hört niemals auf zu zweifeln! Nur wer zweifelt, stellt Fragen, die es zu beantworten gilt.

Der Specht und der Fuchs

Ein Fuchs kam zu einem abgestorbenen Baum, auf dem ein Specht saß und an den Stamm pochte. Der Fuchs sagte zu ihm: „Herr Specht, warum pochen Sie mit so viel Mühe Höhlen in den Stamm? Wenn Sie wegfliegen, kommen Finken und machen sich in Ihrer Höhle ein gemütliches Heim und Sie haben nichts davon." Da sprach der Specht: „Oh doch. Ich habe all die leckeren Würmchen und warum sollen nicht die Finken daraus auch ihren Nutzen ziehen und sich ein Heim in der Höhle einrichten?" Die Antwort machte den Fuchs sehr nachdenklich und er schlich leise davon.

Die Lehre: Man kann sich selbst und zugleich auch anderen nützlich sein.

Der Dachs und der Fuchs

Ein Dachs und ein Fuchs trafen sich auf einer Lichtung. Der Fuchs fragte den Dachs: „Warum habt Ihr eigentlich nur Streifen am Kopf und nicht am ganzen Körper? Ihr würdet viel hübscher aussehen, wenn Ihr überall Streifen hättet." Da erwiderte der Dachs: „Hätte ich Streifen am ganzen Körper, dann wäre ich kein Dachs mehr, so wie Ihr kein Fuchs mehr wärt, wenn Euer Fell überall rot wäre."

Die Lehre: Jeder hat seine Eigenart und wenn er sie nicht hätte, wäre er nicht, wer er ist.

Die Kieselsteine

In einem Flussbett spülte das Wasser einen kleinen Kiesel gegen einen großen. Der sagte empört „Was stößt Du mich an und störst meine Ruhe, Du kleiner frecher Kiesel?" Da antwortete der kleine Kiesel: „Wenn es nicht uns kleine Kiesel gäbe, hättest Du nicht eine so schöne geschliffene Form." Der große Kiesel dachte nach und erinnerte sich an die vielen kleinen Stöße mit den kleinen Kieseln und sagte: „Ja, du hast recht, aber auch Du wärst nicht ein kleiner runder Kiesel ohne mich und all die anderen Kiesel."

Die Lehre: Ein jeder Mensch verdankt allen anderen Menschen etwas seines Charakters.

Der Pfau und das Huhn

Ein Pfau spazierte des Weges und schlug ein Rad mit seinen Federn. Er kam an einem Huhn vorbei, das er keines Blickes würdigte. Das sah ein Eichhörnchen und fragte den Pfau: „Herr Pfau, warum grüßen Sie denn nicht das Huhn, es ist doch eine Verwandte von Euch?" Da antworte der Pfau: „Oh nein, ich bin doch ganz anders. Seht Ihr denn das nicht? Ich trage eine Krone und das Huhn hat nur einen roten Lappen auf seinem Kopf. Und erst die Federn! Wie hässlich ist doch das Huhn und wie wunderbar ist meine Schleppe! Eher würde ich einen Tiger grüßen, als mit diesem Huhn zu sprechen." Da sprang ein Tiger aus dem Wald und fraß den Pfau.

―――――――――

Die Lehre: Hochmut kommt vor dem Fall.

Lamborghini trifft Traktor

Ein Lamborghini macht eine Landpartie, fährt die Dorfstraße entlang und plötzlich schleift der Unterboden laut über einen Pflasterstein hinweg. Der Traktor hört das, muss sich biegen vor Lachen und sagt: „Was fährst Du auch auf meiner Straße und warum bleibst Du nicht auf dem Asphalt Deiner Stadt und schimpfst dann noch über unsere schöne alte Huckelstraße?" Da ärgert sich der Lamborghini, würdigt den Traktor keines Blickes und will ganz schnell weg, doch er rutscht in den Straßengraben und kommt nicht mehr heraus. Da sagt der Traktor: „Nun gut, halt einfach still und ich ziehe Dich heraus, denn Du tust mir leid. Ich glaube zwar nicht, dass Du mir hättest helfen können, wenn ich im Straßengraben läge, aber Du hast ja auch nur vier Räder wie ich und so muss ich einem Verwandten wohl helfen."

Die Lehre: Es gibt nie einen Grund überheblich zu sein.

Wenn eine alte Bibel und ein Chemiebuch nebeneinander im Schrank stehen

Sagt die Bibel zu ihrem Nachbarn, einem Chemiebuch: „Du stinkst aber!". Antwortet das Chemiebuch: „Ich bin auch im Labor gewesen und habe einem Studenten geholfen, einen Stoff zu synthetisieren. Du riechst nur nach dem Muff von tausend Jahren, weil sich an Dir nichts geändert hat." Darauf sagt die Bibel: „Die Tiefe der Gedanken in mir sind aber unvergleichlich und von ewiger Gültigkeit." Das Chemiebuch: „Meine Formeln kann man aber beweisen, Die Gültigkeit Deiner Gedanken nur glauben." Die Bibel darauf: „Ich halte das neben Dir nicht mehr aus. Ich will hier raus."

Die Lehre: Wissen schlägt Glauben.

Streit zwischen Strom und Spannung

Der elektrische Strom sagt zur elektrischen Spannung: „Du bist faul und tust nichts. Ich verstehe nicht warum es Dich überhaupt gibt." Die Spannung antwortet ganz entrüstet: „Wenn es mich nicht gäbe, könntest du nicht fließen."

Die Lehre: Ohne Gradienten bewegt sich nichts.

Streit zwischen Strom und Widerstand

Der elektrische Strom sagt zum elektrischen Widerstand „Wenn es Dich nicht gäbe, könnte ich ungehindert fließen! Da entgegnete der Widerstand: „Wenn es mich nicht gäbe, könntest Du nicht Wärme und Licht erzeugen und keine Motoren antreiben; und es gäbe auch keine Spannung, die Dich hervorbringt."

Die Lehre: Ohne Widerstand wird keine Arbeit geleistet.

Streit zwischen einem alten und einem neuen Chemiebuch

In einem Bücherschrank stand ein ganz modernes Chemiebuch neben einem zweihundert Jahre alten. Da sagte das moderne Buch: „Ich verstehe nicht, warum man Dich nicht schon längst aus dem Schrank genommen hat. In Dir ist doch alles veraltet und wieviel mehr weiß man heute! Dich braucht niemand mehr. In mir stehen die neuesten Erkenntnisse und in mir kann man wirklich viel Nützliches finden." Da antwortete das alte Buch: „Oh, ja, ich sehe, dass sich in zweihundert Jahren sehr viel verändert hat, man heute viel mehr weiß und man sich Dinge erklären kann, an die wir nicht zu denken wagten. Aber, wenn man Dein Buch liest, so wird die moderne Chemie so dargestellt, als wenn sie schon immer *so* bekannt gewesen wäre. Erst wenn man mich liest, kann man die Erkenntnisse in Deinem Buch würdigen und verstehen, wie sie gewonnen wurden. Natürlich kann ich keine modernen Bücher ersetzen, aber ich kann lehren, sie besser zu verstehen. Deshalb bleibe ich auch auf meinem Platz! Und Du wirst nicht glauben, wieviel Wertvolles seit meinem Druck vergessen wurde. Es lohnt sich, das wiederzuentdecken."

Die Lehre: Man muss die Geschichte kennen, um das moderne Wissen zu verstehen.

Als die Tiere in einem fernen Land lernten, gegenseitig ihre Sprachen zu verstehen

Bekanntlich hat jede Tierart ihre eigene Sprache, Hunde bellen, Katzen miauen, Kühe muhen, Vögel zwitschern viele unterschiedliche Melodien, Elefanten trompeten usw. usf. Nun begab es sich in einem fernen Land, dass ein weiser Mann die Tiere belauschte und sie dann lehrte, ihre unterschiedlichen Sprachen zu verstehen. Plötzlich verstand die Katze, was das Huhn gackerte und der Hund, was der Rabe krächzte. Was war das für eine Überraschung! Da sagte das Huhn doch zu seinen Küken: „Seht nur diese listige böse Katze und hütet Euch, ihr zu nahe zu kommen. Sie ist sehr garstig und will Euch fressen". Da miaute die Katze: „Du dummes Huhn! Was sagst Du denn da? Ich bin nicht listig und garstig und böse. Ihr seid einfach nur dummes Federvieh." So zankten sie den ganzen Tag weiter. Der Hund war ganz erbost über den Raben, der auf dem Dach saß und zu seiner Frau sagte: „Sieh nur diesen alten Hofköter an. Er ist ja ganz faul geworden und Diebe kann er sicher nicht mehr abschrecken." „Du neunmalkluger Rabe, komm nur runter vom Dach und ich werde Dir schon zeigen, dass ich noch beißen kann." bellte der Hund. Früher, als die Hunde nur Hunde, die Katzen nur Katzen, die Mäuse nur Mäuse, usf. verstanden, wusste jedes Tier, vor welchem es sich in Acht nehmen muss und welches Tier ihm nichts tut. So jagten sich manche zwar und andere beachteten einander kaum, aber jetzt plötzlich verstanden alle, wie sie übereinander redeten und da brach ein Zanken und Streiten los, dass so manch ein Tier nicht mehr zum Fressen kam, sein Nest vernachlässigte oder ganz vergaß, seine Jungen zu füttern. Als das der weise Mann sah und hörte, wurde er sehr betrübt und sann auf ein Mittel, diesem Unfrieden ein Ende zu machen. Doch wie sollte er die Tiere lehren, einander nicht mehr zu verstehen, wo doch nun einmal das Wissen unter ihnen war? Da kam ihm eine Idee und er rief alle Tiere zusammen und sprach: „Ich habe Euch Eure Sprachen zu verstehen gelehrt und hatte gehofft, dass ihr Euer Wissen nutzen werdet um friedlich miteinander zu leben. Nun sehe ich, was für ein Zank und Streit zwischen Euch entstanden ist und Ihr dabei seid, Euer gewohntes gutes Leben aufzugeben. Ich verbiete Euch deshalb für ein ganzes Jahr zu sprechen. Ihr werdet wieder vergessen, wie die anderen Tiere sprechen und Eure Kinder werden es nicht erst lernen. Vielleicht kehrt dann wieder der Frieden ein." Die Tiere hörten dem weisen Mann zu und es gab einige, denen die Idee gefiel. Andere aber protestierten ganz laut und sagten: „Nein, nun, dass wir endlich verstehen, was andere Tiere über uns sagen, sollen wir das vergessen? Endlich wissen wir, was für böse und gemeine Kreaturen uns da umgeben. Das können und wollen wir nicht vergessen." Tatsächlich leben die Tiere in diesem fernen Land seitdem im größten Unfrieden, ja man kann sagen in einem Krieg miteinander; selbst all die Tiere, die sich vorher nichts gegenseitig antaten.

Erste Lehre: Ist das Wissen einmal in der Welt, bleibt es auch dort.

Zweite Lehre: Wissen bringt immer Gutes und Schlechtes.

Wie ein Fuchs den Wald und die umgebenden Felder aufteilen wollte

Ein Fuchs lag schläfrig vor dem Eingang zu seinem Bau. Da sahen seine Augen, wie ein Baummarder des Weges kam. Erbost fauchte er ihn an: „Was schleichst du hier herum. Hier hast Du nichts zu suchen." Da erwiderte der Baummarder: „Was willst Du? Der Wald gehört uns allen." Weil er aber keinen Streit beginnen wollte, trollte er sich langsam davon. Der Fuchs war nun hellwach und ärgerte sich über den Eindringling, vor allem aber weil der Baummarder ja recht hatte. Es gab einfach keine Gesetze, wo welches Tier entlang gehen durfte. Da kam dem schlauen Fuchs die Idee, dass es so nicht weitergeht. Man muss den Wald und auch die nächsten Felder aufteilen und natürlich dachte er daran, dass das große Feld, die Wiese und ein schönes Stück Wald sein Fuchsland werden muss. Da darf nur seine Familie jagen. Die Hasen und Mäuse will er dort gerne dulden, denn er fraß sie nur allzu gerne. Den tiefen alten Eichenwald könnten die wilden Borstentiere bekommen. Da können sie grunzen und ihre Würmer suchen und die Eicheln fressen. Und so sann er lange darüber nach, welches Stück dann Schweineland, Hirschland, Fuchsland, Wolfsland, Dachsland werden sollte. Er konnte es gar nicht erwarten, am nächsten Tag eine große Versammlung aller Waldtiere einzuberufen. Auf der großen Lichtung kamen tatsächlich alle Tiere des Waldes zusammen. Der Fuchs zeigte sich im schönsten Pelz und umschmeichelte die Baummarder, die Dachse, die Schweine, die Hirsche und die Wölfe und nickte sogar den Hasen und Mäusen freundlich zu. Er hob an: „Ihr lieben Mittiere, meine lieben Verwandten und Freunde! Wie Ihr wisst, ist mir euer Wohlergehen, euer Glück und das Glück Eurer Kinder schon immer tiefes Herzensanliegen." Die Wildschweine grunzten und glotzten neugierig. Sie hatten zwar nie Mildtätigkeit oder Nächstenliebe beim Fuchs bemerkt, aber sie konnten auch nichts gegen ihn sagen. Die Hirsche sahen von oben auf den Fuchs herab und dachten, was kann der uns schon anhaben. Nur die Hasen sahen sich ängstlich an, machten aber gute Miene, weil sie auch nicht als Angsthasen angesehen werden wollten. Auch die Mäuschen hörten ungläubig der schmeichelnden Stimme des Fuchses zu, dachten aber bei sich, wir werden immer ein Mauseloch finden und dem Räuber davonkommen. Der Fuchs fuhr fort: „Seht einmal, sicher hat sich jeder von Euch schon einmal ein eigenes Stück Land gewünscht, wo nur er der Herr ist. Ihr ehrwürdigen Wildschweine, würdet ihr Euch nicht wünschen, dass der alte Eichenwald ganz Euch gehört? Und Ihr, liebe Hirsche, hättet doch sicher gerne die frische Schonung und die Waldwiese ganz für Euch! Ihr liebe Häschen und Mäuschen, die schönen Felder sollten doch Euch allein gehören! Ich würde mich gerne um die Ordnung auf Euren Feldern und Wiesen kümmern, wenn Ihr mich zu Eurem Minister macht. Kein anderes Tier soll es dann wagen, Euch dort zu verfolgen. Für die hochgeschätzten Dachse würde sich das Tal mit dem Bach ganz besonders anbieten und den ehrwürdigen Bibern wollen wir den Bach geben, in dem die Otter so gerne fischen." Die Tiere hörten dem Fuchs zu und seine Vorstellungen fanden sie gut. Nur die Wölfe fragten, welches Stück Land sie bekommen sollten. „Oh, Ihr guten Wölfe, für Euch wären die Weiden der Schafe doch sehr geeignet." Das sagte der Fuchs, weil die Tiere der Bauern nicht eingeladen waren, sondern nur die wilden Tiere. „Ja," sagte der älteste Wolf, „damit wären wir sehr zufrieden." Der Fuchs fuhr fort: „Natürlich brauchen wir dann eine Polizei, und ich glaube, dass die Füchse diese schwere Arbeit und Verantwortung übernehmen sollten. Dieses Opfer sind wir gern bereit zu bringen, denn es wird dem Wohle aller dienen." Die Schweine grunzten, die Hirsche nickten mit den Köpfen, ein Hase pfiff durch seine Zähne, als ob ihm eine Offenbarung gekommen ist. Nur der Uhu auf dem Baum schüttelte den

Kopf über so viel Leichtgläubigkeit der Vierbeiner am Boden und dachte bei sich, was soll es, in der Luft gibt es keine Grenzen und ich fliege sowieso wohin ich will. Seit dem Tag dieser denkwürdigen Versammlung gab es keinen einzigen Tag des Friedens mehr im Wald und die Hirsche haben eine Armee gebildet, genauso wie die Wölfe und Wildschweine und natürlich auch die Füchse und die Dachse und diese Armeen führten einen Krieg nach dem anderen. Die Hasen und Mäuse aber, weil sie im Waffentragen unerfahren waren, haben den Wald, die Wiesen und Felder verlassen und Zuflucht in einem fernen Land gesucht. Nun dachten auch die Füchse darüber nach, den Hasen und Mäusen zu folgen und überlegten, mit welchen guten Gründen sie ihnen eine Rückkehr nahelegen könnten.

Lehre: Viel Unglück kommt vom Besitz.

Die Gründung von Tierstaaten

Auf einem Feld sammelte sich eine große Schaar Wildgänse. Eine ältere Gans, die schon viel von der Welt gesehen hatte, begann ihren Mitgänsen einen Vortrag zu halten: „Ich meine, wir Gänse sollten es den Menschen gleich tun: wir müssen einen Gänsestaat gründen, und zwar hier, wo wir uns seit unergründlichen Zeiten jedes Jahr wieder niederlassen um unsere Eier auszubrüten und unsere Kinder groß zu ziehen. Das sind wir unseren Nachkommen schuldig. Schließlich sollen sie auch wieder hierher in IHRE Heimat zurückkommen und deshalb gehört dieses Land uns." Für diese Worte erntete die Gans von allen Seiten gackernde Zustimmung und Bravorufe. Plötzlich ertönte jedoch ein lautes Pfeifen und aus allen möglichen Löchern kamen die Hamster heraus. Der erste Hamster rief: „Ihr Hamster dieser Welt, hört, die Gänse wollen uns unser Land wegnehmen; das Land auf dem wir seit Generationen leben." Als das die Gänse vernahmen, brach ein ungeheures Gackern aus und die Gänse hieben mit ihren Schnäbeln auf die Hamster ein. Da mischte sich plötzlich ein Piepsen unter das Gackern und Pfeifen, so dass die Gänse und Hamster verstummten. Da liefen und wimmerten tausende Feldmäuse herum und jammerten: „Oh welche Not, oh welches Unglück, die Gänse und Hamster nehmen uns unser Land weg!" Nun flog eine Eule über das Land und die Mäuse und Hamster schlüpften in ihre unterirdischen Bauten, die Gänse verstummten ängstlich, aber die Eule kreiste nur am Himmel und rief: „Wie dumm Ihr doch seid. So lange es Euch alle gibt, lebt ihr schon auf dieser Scholle und plötzlich will sie jeder für sich haben. Ihr müsst nicht alle Dummheiten der Menschen nachmachen."

Lehre: Die Welt gehört allen und niemandem.

Parlamentswahlen

Die Tiere hatten beschlossen ein Parlament zu wählen. Darin sollten alle Arten vertreten sein, die vier Beine haben, also keine Schlangen, keine Würmer, keine Fische und keine Vögel. Das hatten die Ratten vorgeschlagen und weil die Fische und Würmer nicht sprechen konnten, haben sie sich dagegen auch nicht gewehrt. Die Schlangen allerdings zischten solange, bis man sie doch anhörte und ihnen auch erlaubte eine Partei zu gründen, und die Vögel machten einen solchen Krach, dass man ihnen auch das aktive und passive Wahlrecht zusprach. Die Ratten schlugen vor, dass die 1000 Abgeordneten in freier und geheimer Wahl durch alle Tiere bestimmt werden sollten. Jede Tierpartei würde dann so viele Mandate bekommen, wie es ihrem prozentualen Anteil an der Gesamtzahl der Tiere entspricht. Als die Tiere diesen Vorschlag besprachen, erkannten die Hirsche, die Dachse, die Iltisse und viele andere seltenere Tiere, dass ihre Chancen Abgeordnete ins Parlament zu entsenden nur gering waren, wohingegen Ratten, Mäuse, Gänse und Spatzen womöglich das ganze Parlament ausfüllten. Die Ratten sagten dazu: „Ihr könnt doch gemeinsame Parteien bilden, also beispielsweise eine Partei der Hirsche, Rehe und Elche, also eine HREP und eine Partei der Dachse, Füchse und Igel, also die DFIP usw. Wir Ratten können uns mit den Mäusen zusammentun und die RMP bilden. Das überzeugte die Tiere, die, vielleicht nur mit der Ausnahme der Eulen, sowieso nicht zählen konnten und auch noch nie eine Volkszählung gemacht hatten. Die Ratten hatten aber einen recht guten Überblick und bauten darauf, dass die RMP mit Sicherheit eine Mehrheit bekommen kann. Na und dass da die Mäuse sich den Ratten fügen müssten, war auch klar. So spekulierten sie darauf, auch den Regierungspräsidenten zu stellen. Die älteste Ratte stellte sich auf einen hohen Baumstumpf und begann eine Rede: „Ihr lieben Mittiere! Ich rufe euch auf, Euer demokratisches Wahlrecht wahrzunehmen und in geheimer Wahl die besten Vertreter für unser Parlament zu wählen, also die edelsten und klügsten Köpfe, die unter uns sind. Wer an diesen Wahlen nicht teilnimmt, darf sich später nicht beschweren. Unser demokratisch gewähltes Parlament wird die klügsten und besten Gesetze erlassen und dem Kampf zwischen unseren Arten endgültig ein Ende setzen. Wir werden Minister haben, die nur dem Wohl aller verpflichtet sind." In den Tagen danach gründeten die Tiere Parteien und schmiedeten Bündnisse. Neben der HREP und der RMP, gründete sich die VP (Vogelpartei), der auch die Fledermäuse beitreten wollten, von den Vögeln aber abgelehnt wurden und von der RMP so umworben wurden, das sich die RMFP bildete. Der DFIP schlossen sich die Wölfe an und so entstand die DFIWP. Die Spinnen, Fliegen, Wespen, Hornissen, Mücken usw. wurden von den anderen Parteien als Schädlinge eingestuft und nicht zu den Wahlen zugelassen. Die Bären wollten wegen ihrer Stärke und körperlichen Überlegenheit eigentlich eine eigene Partei bilden, sahen aber bald ein, dass ihrer zu wenige sind, um Abgeordnete entsenden zu können. Aus Stolz schlossen sie sich der HREP an, die sich aber, darauf haben sie bestanden, nun BHREP nannte. Wenige Wochen später wurde die Wahl durchgeführt. Einige Tierarten, wie z. B. die Hamster und Marder haben die Wahl boykottiert, denn sie konnten sich nicht mit anderen Tieren einigen und glaubten sowieso, dass die Ratten am Ende die meisten Stimmen bekommen würden. Als das Ergebnis bekannt wurde, staunten die Tiere nicht schlecht: 70% bekam die RMFP, 20% die VP, und 10% alle anderen Parteien. Die älteste Ratte rief den Tieren zu: „Dies war die demokratischste Wahl, die wir uns vorstellen können und ich danke unseren Wählern. Die RMFP hat einen klaren Regierungsauftrag und ich werde mich nicht der Pflicht entziehen, Euch als Regierungspräsident zu dienen.

Schon bald werde ich die gesamte Regierung vorstellen." Als die Mäuse und Fledermäuse ihre Ansprüche auf Ministerposten stellten, wurde ihnen von den 12 Ministerposten jeweils nur einer gegeben. Eine Maus wurde Sozialminister und eine Fledermaus Verkehrsminister. Als sich dann die Regierung allen Tieren vorstellte, war die Enttäuschung groß: von Ratten regiert zu werden, hatten die meisten nicht erwartet, aber was half es ihnen? Kein Gericht würde diese demokratische Wahl anfechten können.

Lehre: Demokratische Wahlen bringen nicht immer die Klügsten und Edelsten an die Macht.

Der volle und der leere Geldbeutel

Es begab sich das ein junger Bursche einen einsamen Weg entlang ging und einem armen alten und blinden Bettler begegnete. Der blinde Bettler hörte die Schritte des Burschen und sagte: „Gib mir einen Pfennig, den du erübrigen kannst und ich will ihn sparen, bis dass ich ein wenig Brot kaufen kann. Der Bursche sah den Alten, dachte an seinen Vater und gab ihm fünf Pfennige. Da sprach der Alte: „Nimm diesen Lederbeutel und tue dein anderes Geld hinein. Es wird Dich nicht reuen." Der Bursche nahm den Beutel, tat sein weniges Geld hinein und ging seines Weges. Doch wie wunderte er sich, als er merkte, dass der Beutel nie leer wurde. Sobald er Geld ausgab, so fand er den Beutel am Abend wieder gefüllt. Erst war er nur erfreut und staunte, aber schon bald wurde er mutig und kaufte sich immer mehr, einen neue Hose, ein neues Hemd, bald sogar einen goldenen Ring. So ging es eine ganze Weile und der Bursche lebte fast wie ein Edelmann, ja er ritt tatsächlich auf einem Pferd, das er erworben hatte. Nach einem Jahr begab es sich, dass er den gleichen Weg entlang ritt, auf dem er dem blinden Bettler begegnete, der ihm den Geldbeutel geschenkt hatte, doch er achtete seiner nicht, gleichwohl der Bettler ihn wieder ansprach. Wie wunderte er sich jedoch, als sein Geldbeutel immer leichter wurde und das Geld abnahm, so wie er es ausgab. Da erinnerte er sich des Alten und wollte ihn auf dem Weg wieder finden, doch solange er auch suchte, er fand ihn nicht und schon bald war er ärmer als der Alte und musste selbst am Wege betteln.

Lehre: Sei dankbar, wenn Dir gegeben wird und vergiss nie Deine Wohltäter.

Die Ameisen und die Wissenschaft

In einem großen Ameisenstaat im Wald lebte über eine Million Ameisen, die emsig die Baumstämme hinaufliefen um Honigtau von den Läusen zu sammeln. Es gab aber eine Ameise, Carli mit Namen, der das Hinaufkrabbeln zu mühsam war und die sich auch einbildete, etwas Besseres zu sein. Da kam sie auf die Idee, ihren Brüdern und Schwestern zu erklären, dass das Besteigen der Bäume lebensgefährlich sei, denn man kann leicht herabstürzen und zu Tode kommen. Viele Ameisen erklärten ihr, dass sie schon einmal hinabgefallen waren, aber ganz weich fielen und gleich weitergelaufen sind. Nur einige, auch recht faule Ameisen, fanden, es sei eine gute Begründung ebenfalls nicht zu arbeiten. Diese Ameisen wählten den Carli zu ihrem Anführer und gingen schließlich zur Königin, der sie vortrugen, wie gefährlich das Besteigen der Bäume ist. Die Königin, die noch nie einen Baum gesehen hatte und natürlich noch nie auf einen Baum gestiegen war, fand den Vortrag von Carli sehr überzeugend, vor allem, weil Carli behauptete, dass das gesamte Volk der Königin sich täglich in Lebensgefahr begibt. Carli schloss seinen Vortrag mit den Worten: „Es ist wissenschaftlich erwiesen, dass ein Sturz aus mehreren Metern Höhe unweigerlich zum Tode führt." Die Königin fragte ihren Berater, ob er von solchen Stürzen schon gehört hatte. Dieser sagte, ja, das kommt vor, aber er hatte immer gedacht, dass diese Ameisen oben auf dem Baum gestorben seien und dann einfach hinunterfielen. Carli erwiderte darauf: „Oh nein, es gibt wissenschaftliche Belege, dass der Sturz zum Tode führte." Darauf ernannte die Königin Carli zum Präsidenten des Ameisenstaates und beauftragte ihn, die notwendigen Gegenmaßnamen zu ergreifen. Carli ging gleich ans Werk, ernannte seine Freunde zu Ministern und sie erließen ein Dekret, dass allen Ameisen das Besteigen der Bäume verbot. Entsetzen machte sich unter den Millionen Ameisen breit, denn wie sollte man das Volk ernähren, wenn man nicht mehr zu den Blattläusen gelangen konnte? Carli und seine Minister stellten sofort eine Ameisenpolizei zusammen, die tatsächlich an den Bäumen aufpasste, dass niemand die Stämme hinaufging. Allerdings fanden einzelne Ameisen immer noch einen Weg zwischen den Polizisten hindurch, aber der Ertrag an Honigtau wurde so klein, dass sich eine große Hungersnot ausbreitete. Überall im Ameisenstaat kam es zu Versammlungen und kleinen Aufständen, die jedoch von der Polizei aufgelöst und zerschlagen wurden. Als die Not schließlich erdrückend wurde und schon viele Ameisen verhungert waren, entschloss sich eine mutige Ameise mit dem Namen Mimir, der Königin die Not vorzutragen und ihr zu erklären, dass Carli nicht nur die faulste aller Ameisen war, sondern auch die Königin belogen hat. Mimir erklärte der Königin, dass eine Ameise so leicht war, dass ihr Fallen von der Luft gebremst wird und ein Fall nie tödlich endet auch weil sie sowieso auf den weichen Waldboden fällt. Die Königin wollte jedoch weiterhin Carli glauben, weil er sich doch auf wissenschaftliche Erkenntnisse berufen hat. Ermutigt durch die Rede Mimirs, sagten nun auch die Berater der Königin gegen Carli aus und es wurde beschlossen, dass man Carli und seine Minister gefangen nehme und aus dem Ameisenstaat für immer verbanne. Seit dieser Zeit mussten die Ameisen nicht mehr hungern und konnten sich am Honigtau laben.

Lehre: Nicht alles, was als wissenschaftlich ausgegeben wird, ist es auch.

Warum manches kompliziert erklärt wird, wenn es doch einfach ginge

Die Tiere des Waldes beratschlagten, was man gegen die Jäger unternehmen könnte, weil diese die Rehe, Hirsche, Hasen und Wildschweine schießen und die Tiere deshalb nicht in Ruhe und Frieden leben können. Ein Wildschwein schlug vor, dass die Wildschweine den Jägern auflauern, sie von hinten angreifen und zerfetzen könnten. Ein Hirsch sagte, er könnte geradewegs aus den Büschen die Jäger mit seinem Geweih aufspießen, so dass der Jäger nicht einmal dazu käme, seine Flinte in Anschlag zu bringen. So diskutierten sie noch lange und erwogen viele treffliche Ideen. Da meldete sich der listige Fuchs zu Worte und sagte: „Wie ihr wisst, bin ich auch kein Freund der Jäger, aber die Sache ist nicht so einfach wie ihr denkt. Die Jäger haben viele Möglichkeiten, eure Pläne zu durchkreuzen und euch rechtzeitig zu entdecken. So einfach kann man die Jäger nicht loswerden. Aber ich habe da eine Idee!" Nun fragten ihn die anderen Tiere, was denn sein Vorschlag ist. Da begann er eine lange und sehr schwer verständliche Rede, in der er sagte, die Beziehungen zwischen den Tieren und den Jägern wären sehr kompliziert und vielfältig und man muss die Probleme diplomatisch lösen und erstmal eine Kommission bilden, die genau herausfindet, welche Tiere wie oft und wo geschossen werden usw. usf. Die Rede war so lang, dass die Tiere ihr nicht mehr folgen konnten, langsam auseinandergingen und zueinander sagten, dass der Fuchs es sicher richtig versteht, denn er sei ja der Listigste von allen. Als der Fuchs merkte, dass die anderen Tiere den Platz verlassen hatten, ohne dass ein Plan gefasst wurde, freute er sich, denn er hatte nur daran gedacht, dass er von den geschossenen Tieren meistens die Eingeweide gefressen hat, die die Jäger im Walde liegen ließen. Er selbst konnte hoffen, den Jägern immer im Unterholz zu entkommen.

Lehre: Wenn jemand sagt, dass ein Problem nicht einfach gelöst werden kann, steckt oft Eigennutz dahinter.

Die Fledermaus und der alte Kater

In einer Scheune saß ein alter Kater der nur noch selten eine Maus fing, weil er nicht mehr gut sehen konnte. Das bemerkte eine Fledermaus, die an dem Dachbalken hing, mit kaum verhohlener Freude. Sie sagte zum Kater: „Du armes Tier, ich glaube Du musst es beim Mäusefangen besser machen." Der Kater: „Ja, aber wie? Kannst Du mir raten?" Die Fledermaus: „Mach es wie ich. Ich kann auch nicht so gut sehen, aber wenn ich durch die Luft fliege, schreie ich und die Insekten schicken meine Schallwellen zurück, so dass ich genau weiß, wo sie sind. Vielleicht solltest Du immer, wenn Du eine Maus siehst, ganz laut miauen und dann *hörst* Du, wo eine Maus ist." Das nahm sich der Kater zu Herzen und miaute immer ganz laut, wenn er eine Maus zu sehen glaubte. Das Ergebnis war, dass ihm die wenigen Mäuse, die er vielleicht noch hätte fangen können, auch wegliefen. So wurde der Kater immer schwächer und verhungerte.

Lehre: Ein Jäger sollte nie dem Rat der Gejagten folgen.

Streit im Wörterbuch

In einem Wörterbuch begegneten sich die Wörter ,Mensch' und ,Stein'. Sagt das Wort ,Stein': „Du bist sehr stolz, aber ich bin Millionen mal älter als Du." Antwortet das Wort ,Mensch': „Ja, aber ohne mich hättest Du keinen Namen und niemand würde Dich kennen!"

Lehre: Erst der Mensch hat allen Dingen einen Namen gegeben.

Wie der Löwe seinen Staat organisierte

Bis ins hohe Alter herrschte der Löwe im Tierreich ohne alle fremde Hilfe, weil ER allein die Macht ausübte. Nun, da er altersschwach wurde, benötigte er Hilfe und entschied sich, Minister einzusetzen. Seine Frau, die Löwin, riet ihm, als Innenminister den Tiger zu nehmen, aber der Löwe lehnte es mit der Begründung ab, dass dieser ja selbst gerne herrschen würde und er wählte den Hasen, denn der hatte Angst vor ihm und würde immer tun was er will. Der Hase wiederum wählte die Ratten als Polizei, denn ihnen konnte er selbst immer schnell entkommen und die Ratten kannten sich im ganzen Tierreich gut aus. Der Hase nahm dann die Mäuse als Geheimpolizisten, denn diese hatten überall ihre Löcher und konnten so alle anderen Tiere leicht belauschen. Als Kriegsminister schlug die Löwin den Panther vor, aber auch dieser fand nicht das Gefallen des Löwen, da er zu stark war. Der Löwe wählte den Leitwolf, da dieser über genügend Wölfe gebot, die eine schlagkräftige Armee bilden konnten. Die Krähen sollten den Luftraum überwachen, denn der Wolf fürchtete, dass die Adler seinen Jungen gefährlich würden. Als Bildungsminister hätte die Löwin gerne den Fuchs gehabt, aber der Löwe entschied sich für das Schaf, da der Fuchs ihm oft gezeigt hatte, dass er listiger als der Löwe selbst war. Als Finanzminister hätte die Löwin gerne den Uhu gesehen, denn er war weise und konnte gut rechnen. Das aber gefiel dem Löwen nicht und er nahm einen Esel dafür, denn der würde nicht des Löwen Gelder kontrollieren können. Minister für Landwirtschaft und Fischfang sollte nach der Löwin Willen der Biber werden, aber der Löwe entschied sich für einen starken Eber, da dieser mit seinem Volk der Wildschweine einen großen Schaden auf den Feldern anrichtete und so die Bauern in ihre Grenzen wies. Als Gesundheitsminister hätte die Löwin gerne einen Geier gesehen, doch der Löwe nahm einen Floh. Die Flöhe übertrugen nämlich Krankheiten, die viele Tiere schwächten, so dass sie dem Löwen ein leichtes Jagdopfer wurden.

Lehre: Nicht die werden mit hohen Posten betraut, die dem Volk am besten dienen, sondern die, die dem Herrscher am besten dienen.

Adlerblick auf Hinrichtungsstätte

Vor langer Zeit überflog ein Adlerpaar in großen Kreisen eine Hinrichtungsstätte auf der Menschen mit flüssigem Blei und Schwefel gefoltert und dann gerädert wurden. Da sagte der Adler zu seiner Frau: „Sieh nur diese Menschen! Man sagt, sie wären Lebewesen wie wir, aber hast Du jemals Tiere gesehen, die so grausam zu ihren Artgenossen sind? Woher kommt diese Grausamkeit?" Die Adlerfrau darauf: „Mir scheint, sie haben ihre Instinkte verloren".

Lehre: Werdet Euch Eurer Instinkte bewusst!
„Es gibt kein grausameres Tier als einen Menschen ohne Mitleid"
August von Kotzebue zugeschrieben.
„Lupus est homo homini, non homo, quom qualis sit non novit"
(„Ein Wolf ist der Mensch dem Menschen, kein Mensch, solange er nicht weiß, welcher Art der andere ist.").
Titus Maccius Plautus; Asinaria, 495

Zwei Ochsen vor dem Pflug

Ein Knecht hatte zwei Ochsen vor den Pflug gespannt und trieb sie mit schweren Schlägen an, weil sie zu langsam gingen. Da kam der Großbauer und schimpfte mit dem Knecht und schlug diesen mit einer Knute, weil er nicht schnell genug pflügte. Als der Großbauer wieder weggegangen war, sagte der Ochse zum Knecht: „Ich verstehe nicht, warum Du dem Großbauern nicht wegläufst und dich schlagen lässt. Wir sind ja im Joch und können nicht weglaufen, Du aber bist doch frei." Darauf der Knecht: „Ich bin der Sohn eines Knechts und schon mein Großvater war Knecht. Wie könnten wir weglaufen? Wir müssen dem Großbauern dienen, denn er gibt uns, was wir zum Leben brauchen. Der Großbauer hat das Land vom Grafen gepachtet, damit er seine Familie ernähren kann. So geht das immer weiter nach oben, bis zu unserem guten König."

Lehre: Die meisten Menschen sind freiwillig Knechte.

Siehe: Étienne de La Boétie „Von der freiwilligen Knechtschaft des Menschen", „Discours de la servitude volontaire". Erstdruck 1574, übersetzt von Gustav Landauer, herausgegeben von Karl-Maria Guth, Berlin 2016, Hofenberg, ISBN: 9783743700932

Johann der Wahrheitler

Johann war ein Schuhmachergeselle, der bei einem sehr klugen Meister in die Lehre ging. Er war so geschickt, dass er schon bald seinen Meister übertraf und ihn sogar auf kleine Fehler aufmerksam machte. Ohne alle Scheu, das hatte der Meister noch nie erlebt, wies Johann ihn auf kleine Fehler hin. Andere Meister hätten ihm das sehr verübelt, aber sein Meister freute sich an Johanns Geschick, Klugheit und Mut. Deshalb vererbte er ihm seine Werkstatt und gab ihm seine Tochter zur Frau. Johann wurde selbst ein berühmter Meister in seiner Stadt und die Leute lobten seine Schuhe und freuten sich vor allem über seine Ehrlichkeit, die jene aller anderen Meister weit übertraf. So kam es, dass er in den hohen Rat der Stadt gewählt wurde und über das Schicksal der Stadt mitbestimmen durfte. Schon bald aber sahen seine Ratsbrüder, dass er auch ihnen immer nur die Wahrheit sagte, auch wenn diese sehr unbequem war. Sogar mit dem Pastor stritt er über die heilige Lehre und sagte ganz offen, dass der Pastor und die Bibel lügen. Die Armen fragte er oft: „Als Adam grub und Eva spann, wo war denn da der Edelmann?" Das wurde nicht nur den Ratsherren, sondern auch dem Burggrafen zugetragen und man begann Johann anzuklagen und aus der Stadt zu verbannen. Die armen Leute aber gaben ihm den Namen Wahrheitler, weil er immer die Wahrheit und nichts als die reine Wahrheit sprach. So kam es, dass Johann der Wahrheitler mit seiner Frau und seinen Kindern nicht nur seine Stadt, sondern auch sein Land verlassen musste und fern seiner Heimat in großer Armut starb.

Lehre: Wer immer die reine Wahrheit sagt, erntet Ungemach.

Wie Hunde über ihre Herren denken

An einem sehr warmen Sommerabend trafen sich die Hunde der Stadt im kühlen Schatten eines Lindenbaumes. Da waren der Jagdhund des Burggrafen, der fette Hund des Metzgers, der Schoßhund des Bischofs und der zottige Hund des armen Landstreichers. Der Hund des Metzgers fragte den Jagdhund: „Sag einmal, Dein Herr hat dem Metzger erzählt, dass er einen großen Hirsch erlegt hat, aber der Metzger hatte ihn nur mit einem Hasen nachhause kommen sehen." Darauf antwortete der Jagdhund: „Mein Herr erzählt oft solche Geschichten. Es war nur ein Hase, das ist richtig. Aber Dein Herr sagt auch nicht immer die Wahrheit. Erst gestern behauptete er meinem Herrn gegenüber, dass er keinen Schinken mehr in der Räucherkammer hat, doch die Magd hat verraten, dass das eine Lüge war." Da meinte des Metzgers Hund zum Schoßhündchen des Bischofs: „Und Dein Herr macht allen glauben, dass er keusch lebt, sperrt aber einem Mädchen des Nachts seine Tür auf. Das ist nicht seine einzige Lüge: alles, was er über die Welt predigt ist doch unwahr. Wer hat denn seinen Gott schon gesehen?" Da sagte der Jagdhund: „Alle Menschen lügen. Ich weiß auch nicht warum. Habt Ihr schon einmal ein Tier gesehen, dass lügt?" Zum Schluss mischte sich der zottige Hund des armen Landstreichers ein: „Nein, nicht alle Menschen lügen. Aus dem Munde meines Herrn habe ich noch nie eine Lüge gehört". Darauf antwortete der Jagdhund: „Das glaube ich Dir gerne. Deshalb ist Dein Herr ja auch ein armer Landstreicher, der es zu nichts im Leben gebracht hat."

Lehre: Nur selten wird Reichtum ohne Lügen erworben.

Die Demokratie der Tiere

Im Reich der Tiere wurden alle fünf Jahre der König und sein Vizekönig gewählt. Man wählte den Stärksten und Reichsten zum König. Da das immer der Löwe war, setzte man ihm die Krone auf. Als Vizekönig wählte man den Geier, da er die Lüfte beherrschte. So ging es schon seit vielen Generation und niemand konnte sich mehr erinnern, als König keinen Löwen und als Vizekönig keinen Geier gehabt zu haben. Eines Tages hörte der Löwe, dass es hinter den Bergen noch ein Reich gibt, in dem die Tiere, weil es dort keine Löwen und Geier gibt, alle fünf Jahre einen König und einen Vizekönig wählen, die immer einer anderen Tierart angehören. Mal war der König ein Hirsch und der Vizekönig eine Taube, mal der König ein Hase und der Vizekönig eine Amsel. Das weckte den Appetit des Löwen und des Geiers und sie erklärten ihren Soldaten, den Wölfen, Ratten und Falken, dass dieses Land eine große Bedrohung für sie ist und man einen Feldzug unternehmen muss. Seinen Innenminister, den Fuchs, schickte er in jenes Land um einen Freundschaftsvertrag zu schließen und es heimlich auszukundschaften. Als die Wölfe und Ratten mit einem fürchterlichen Gemetzel das Land erobert hatten, erklärte der Löwe den eroberten Tieren, dass sie jetzt eine vollkommene Demokratie errichten sollten, d.h., als König und Vizekönig die Stärksten und Reichsten wählen sollten, denn nur diese können sie beschützen. Da das nun der Löwe und der Geier waren und die Tiere dieses Landes sich sehr ängstigten, die meisten auch den Worten des Löwen vertrauten, wurden der Löwe und der Geier auch die Herrscher jenes Landes.

Lehre: Wo die Starken und Reichen herrschen ist keine wahre Demokratie.

Tod eines Harlekins

In einem großen Reich herrschte ein Kaiser, der mit Hilfe von Ministern regierte. Diese Minister erließen immer wieder neue Anordnungen und Gesetze, um ihrem Kaiser ihren Fleiß und ihre Ergebenheit zu beweisen. Mit der Zeit wuchsen die Gesetzesbücher zu dicken Folianten und es wurde den Ministern immer schwerer, neue Regelungen zu erdenken. Sie hatten bereits ein Gesetz erlassen, dass den Untertanen vorschrieb, jede Woche am Montag ihre Fingernägel zu schneiden und am Freitag ein Bad zu nehmen, jeden Morgen den Kaiser mit einem Morgengebet zu preisen, usw. usf. Als der Innenminister eines Tages aus dem Fenster sah und beobachtete, wie die Menschen auf dem Marktplatz und in den Straßen hin und her und durcheinander liefen, da bat er den Kaiser ans Fenster zu gehen und sagte ihm, dass diese Unordnung ein Ende nehmen muss. Er schlug vor, dass die Menschen an allen geraden Tagen nur geradeaus oder rechtsherum laufen dürfen und an allen ungeraden Tagen nur geradeaus oder linksherum. Das bedeutete, dass sie sich nur auf Umwegen ihren Zielen nähern konnten. Dem Kaiser gefiel dieser Vorschlag, denn nun bewegten sich alle Menschen in geordneter Weise und die Polizei konnte Verstöße gegen diese Ordnung mit hohen Geldstrafen belegen, was dem Staatssäckel sehr gut tat. Die vielen Anordnungen und Gesetze wurden den Untertanen aber schließlich eine solche Last, dass sie begannen, Widerstand zu leisten. Bald fand sich auch ein Anführer, der zu Protesten aufrief und eine Revolution organisierte. Am Ende wurde der Kaiser ermordet und der Anführer rief sich zum Großmogul aus. Die Minister wurden gefangen genommen und auch hingerichtet. Der Großmogul ernannte Wesire, die ihm helfen sollten, das Land zu regieren. Das Volk jubelte dem Großmogul zu, feierte ein großes Fest und hoffte auf eine freie Zukunft. Nur ein Harlekin wurde traurig, ging zu sich nach Hause, legte sich auf sein Bett und verstarb vor Trauer. Er wusste, dass nun alles von neuem beginnt.

Lehre: Das Volk lässt sich immer wieder betrügen.

Die großen und die kleinen Vögel

Ein König, dem sehr viel an dem Wohl seines Volkes lag, hörte von einem Minister, dass die Bauern sehr darunter leiden, dass sich einige Raubvögel immer wieder Hühner holen. Das empörte ihn sehr und er erließ einen Befehl, alle Raubvögel zu schießen und auch alle ihre Verwandten, die Amseln, Meisen, Nachtigallen, Schwalben, Spechte und wie sie alle heißen, aus dem Land zu jagen, denn sie haben auch Flügel und zeigen damit, dass Sie mit den Räubern verwandt sind. Schon bald vermissten die Menschen des Königreiches die kleinen Sänger und wurden sehr traurig. Auch die Königstöchter lachten nicht mehr und baten ihren Vater, man solle die kleinen Sänger und Tschilper wieder zurückholen. Der König aber sagte ihnen, dass die kleinen Vögel ja nur immer das Lied singen müssten:
„Wir tun Euch nichts, wir tun Euch nichts.
Die Räuber sind die Bösen".
Weil die kleinen Vögelchen das aber nicht konnten, blieben sie für immer fort.

_____

Lehre: Ähnlichkeit ist keine Schuld.

Der Rat des Adlers

Ein Schaf weidete auf einer fetten Wiese im Gebirge und kam an einen steilen Abhang. Als es hinunter sah, kreiste ein Adler über ihm und sagte: „Warum fliegst Du nicht wie ich. Es ist herrlich zu fliegen. Du musst nur herunterspringen." Dieser Vorschlag gefiel dem Schaf und es sprang beherzt von der Klippe. Es drehte sich mehrere Male und blökte noch, dann schlug es unten auf und war tot. Da kam der Adler hernieder und fraß es.

Lehre: Glaube nicht allen, die Dir einen verlockenden Vorschlag machen.

Frieden und Krieg auf einer Wiese

Auf einer sehr großen Wiese lebten eine Kuh-, eine Schaf- und eine Ziegenherde. Die Wiese hatte saftiges Gras und Kräuter in Hülle und Fülle. So wurden alle satt und waren zufrieden. Es kam jedoch ein sehr trockenes Jahr und Gras und Kräuter wuchsen so spärlich, dass es nicht mehr für alle reichte. Da begann ein Streit zwischen den Tieren: Die Schafe beschuldigten die Kühe und Ziegen, dass sie ihnen alles wegfräßen, und umgekehrt. Da schimpften die Schafe und Ziegen mit den Kühen, dass sie nur faul herumliegen und kauen und dabei noch das wenige Grün platt drücken. Die Kühe nannte die Schafe ‚dummes Vieh', das nur blöken kann und die Ziegen ein aggressives Volk, das nur herumspringt und ihnen die Ruhe raubt. So kam der Frieden zu einem bösen Ende und alle meinten, die anderen trügen an der Not die Schuld.

Lehre: In der Not sucht man die Schuld bei den anderen.

Die Weisheit des Uhus

In einem tiefen Wald saß auf dem Ast eines alten Baumes ein Uhu. Unter ihm stand ein Wanderer und sprach zum Uhu: „Sage mir doch bitte, warum Du das weiseste Tier bist?" Da antwortete der Uhu: „Ich schlafe am Tage und habe auch viel Muße zum Nachdenken und bin nicht vom Licht und den Farben und Spielen des Tages abgelenkt. Ich muss niemanden fürchten und mein Leben ist vollkommen sicher. Des Nachts finde ich leicht genug Mäuse um mich zu ernähren. Ich lebe also in völliger Freiheit und Sicherheit. Das erlaubt mir, mich ganz dem Nachdenken hinzugeben." Der Wanderer erwiderte darauf: „Aber warum ist der Adler nicht genauso wie Du der Weisheit Diener?" Der Uhu: „Der Adler ist ein eitler König, der durch die Lüfte fliegt und seine Herrschaft genießt. Er liebt das Herrschen, nicht das Nachdenken. Und wenn Du fragst, warum sich nicht die Mäuse, Hasen oder Hirsche dem Nachdenken und der Weltweisheit verschreiben, so sage ich Dir, dass sie weder die notwendige Freiheit, noch die Sicherheit genießen, die man für das Denken und das Streben nach Weisheit benötig."

Lehre: Wissenschaft braucht Freiheit und Sicherheit.

Siehe: Alphonse de Candolle „Zur Geschichte der Wissenschaften und der Gelehrten". Herausgegeben von Wilhelm Ostwald. Akademische Verlagsgesellschaft, Leipzig 1911. Histoire des sciences et des savants depuis deux siècles, H. Georg, Genève - Bâle - Lyon, 1873.

Der Kampf um ein neues Wolfsrevier

Ein Wolfsrudel fand in seinem Revier nicht mehr genügend Beutetiere und der Leitwolf sann darüber nach, wie sein Rudel ein benachbartes Wolfsrevier erobern könnte. Er sagte zu seinem Rudel: „Seht euch unsere Nachbarn an: sie beten des Nachts den Mond an und heulen dabei in falscher Weise. Das können wir nicht dulden. Wir müssen dieses Revier besetzen und diese Wölfe zum richtigen Glauben und dem richtigen Heulen bekehren." Das hörten die Wölfe seines Rudels und sie empörten sich über das falsche Heulen ihrer Nachbarn, auch wenn keiner von ihnen die Unterschiede heraushörte. Insgeheim hofften sie auf die Beutetiere im Nachbarrevier und so redeten sie sich gerne ein, dass ihr Leitwolf recht hatte. Der Kriegszug war sehr blutig und es gelang ihnen, die Leitwölfe der Nachbarn zu töten und ihr Rudel zu vergrößern.

Lehre: In den Kriegen werden Glaubensfragen immer vorgetäuscht. Es geht in Wirklichkeit immer um Geld und Macht.

Der Löwe und seine Spatzen

Der Löwe, König der Tiere, duldete in seinem Reich einen großen Schwarm Spatzen und erlaubte ihnen, sich von den Samen der Pflanzen und kleinen Würmchen zu ernähren, weil er nur Fleisch größerer Tiere fraß. Die Spatzen flogen durch sein Reich und brachten ihm Nachrichten von überall her. So wusste der Löwe immer genau, wo er Beutetiere jagen konnte. Aber der Löwe nutzte die Spatzen auch, um Nachrichten in seinem Land zu verbreiten, denn es gab im Tierreich keine Zeitungen und kein Radio. Er wusste genau, dass die Spatzen, die auf den Ästen des Baumes sitzen, unter dem er mit seiner Gemahlin ruhte, genau zuhörten, was die beiden besprachen. Er musste nur der Löwin etwas sagen und konnte sicher sein, dass die geschwätzigen Spatzen es überall herumerzählten. So sagte er eines Tages zur Löwin, dass die Giraffen einen Krieg gegen die Wölfe planen. Als das die Wölfe von den Spatzen erfuhren, griff das ganze Wolfsrudel die Giraffen an und tötete sehr viele. Da kam der Löwe hinzu, verscheuchte die Wölfe und hatte ein bequemes Mahl.

Lehre: Wer den Großen dient, wird auch leicht ausgenutzt.

Der Rabe und das Konzert der Vögel

Die Nachtigallen versammelten sich an einem lauen Frühlingsabend zu einem großen Konzert. Alle Tiere lauschten und bewunderten den Wohlklang der Melodien. Da fragte eine Amsel, dann ein Pirol und auch eine Drossel, ob sie nicht mitsingen dürften. Die Nachtigallen berieten sich und antworteten, dass alle Vögel, die die Singkunst beherrschen, sich an dem Konzert beteiligen dürfen. Schließlich kam ein Rabe dazu und sagte, dass auch er mitsingen möchte. Es wäre doch ein Recht aller Vögel bei diesem Konzert mitzuwirken. Da berieten sich die Nachtigallen und auch alle anderen Mitsänger und gaben dem Raben zur Antwort: „Du bist zwar auch ein Vogel, aber singen kannst Du nicht. Deshalb können wir Dir die Teilnahme nicht erlauben." Das empörte den Raben sehr. Ein Uhu, der auf einem nahem Baum saß, sagte zu dem Raben: „Das Recht, bei einem Konzert der Singvögel mitzumachen, hat nur der, der auch singen kann."

Lehre: Man kann nur das als sein Recht einfordern, was man auch beherrscht oder zu dem man befähigt ist.

Das Reich der Sternenmenschen

Es begab sich, dass ein Mensch von einem sehr fernen Stern zur Erde kam und sich bei einem Erdenmenschen erkundigte, wie das Leben so sei. „Nun, unser Leben ist gut. Wir haben demokratische Staaten mit demokratisch gewählten Regierungen; es gibt nur selten Kriege, in denen aber meistens die besseren Staaten siegen." Der Sternenmensch erwiderte: „Oh, ihr habt noch Demokratien! Die gab es bei uns vor vielen tausend Jahren. Wir haben schon lange eine Alethokratie, d.h. die Herrschaft der Wahrheit. Es gibt bei uns nur ein Gesetz: Jeder Mensch hat immer und überall das Recht, seine Meinung zu sagen. Danach wird diese Meinung diskutiert und auf ihren Wahrheitsgehalt geprüft. Nur was beweisbar ist, gilt uns als Wahrheit. Wir bestrafen niemanden, der eine nicht als Wahrheit befundene Meinung äußert. Gewöhnlich findet er keine oder nur sehr wenige Anhänger, denn wir alle bekennen uns zu Aletheia, der Göttin der Wahrheit. Unsere Regierungen *organisieren* unsere Staaten; sie *herrschen* nicht. Es gibt auch keine Kriege zwischen unseren Staaten, denn alle haben das gleiche Gesetz und die Menschen in den verschiedenen Staaten unterscheiden sich nur durch ihre Sprachen und Gewohnheiten zu leben. Wir hatten die Erfahrung gemacht, dass in den Zeiten der Demokratie, die Regierungen nur das als Wahrheit gelten ließen, was ihren Machtansprüchen diente. Die Parteien zankten um Macht und kümmerten sich nicht um die Wahrheit. Nur wenn alle die Wahrheit als höchstes Gut ansehen, gibt es Frieden." Der Erdenmensch: „Das ist ja das Paradies! Wie habt ihr das erreicht?" Der Sternenmensch: „Das war in der Tat ein sehr langer Weg. Man erreicht die Alethokratie nur, wenn man die Dummheit bekämpft und mit Stumpf und Stiel ausrottet. Das geht nur durch Bildung und Erziehung. Natürlich kann man nicht allen Menschen vollkommen die Dummheit austreiben. Ein bisschen Dummheit steckt in jedem Menschen, aber man kann es mit Bildung sehr weit bringen. Dummheit wird nie Wahrheiten hervorbringen. Weil wir aber nur die gelten lassen, kann man mit etwas Dummheiten auch leben."

Lehre: Das Recht auf freie Meinungsäußerung muss absolut gelten. Meinungen, die als Wahrheiten erwiesen werden, können am Ende keine Gefahr sein.

Der Bischoff und ein Wohltäter

Ein Bischoff ging inkognito durch seine Stadt und sah, wie ein alter Mann in einer grauen Kutte mit großer Kapuze durch die Straßen lief und jedem Bettler ein Geldstück gab und auch an junge Mütter, die mit ihren kleinen Kindern des Weges kamen, nicht nur freundliche Worte, sondern auch kleine Gaben verteilte. Der Bischoff freute sich darüber und sprach den Mann am Ende des Tages an: „Sie müssen ein wahrer Christ sein! Sie leben das Evangelium und geben allen Menschen Zeugnis, wie wir handeln sollen." Der Mann sagte darauf: „Nein, ich bin kein Christ und ich tue nur, was jedermann tun sollte." Der Bischoff war darüber sehr verwundert und erkundigte sich, welcher Religion er angehöre und welche Religion ihn zu solchem moralischen Verhalten anhalte. Da entgegnete der Mann: „Ich folge keiner besonderen Religion. Die Moral ist doch etwas universell Menschliches. Alle Religionen haben daraus geschöpft und nicht umgekehrt."

Lehre: Religion kommt aus der Moral.

Siehe: Immanuel Kant, Vorrede zu „Die Religion innerhalb der Grenzen der blossen Vernunft": „Die Moral, so fern sie auf dem Begriffe des Menschen, als eines freien, eben darum aber auch sich selbst durch seine Vernunft an unbedingte Gesetze bindenden Wesens, gegründet ist, bedarf weder der Idee eines andern Wesens über ihm, um seine Pflicht zu erkennen, noch einer andern Triebfeder als des Gesetzes selbst, um sie zu beobachten."

Beten oder Handeln

Eine Mäusefamilie wohnte auf dem Boden einer großen alten Kirche. Zuweilen schlich sich ein Kater in die Kirche und machte Jagd auf die Mäuse. Deshalb hielt der Mäusevater seiner Kinder an, zu beten, dass der Kater keines von ihnen fangen möge. Das hörte eine sehr alte Maus und sagte zum Mäusevater: „Warum hältst Du Deine Kinder zum Beten an, statt ihnen zu zeigen, wo sie sich am schnellsten und sichersten verbergen können? Das Beten wird Deine Kinder nicht schützen." Da sagte der Mäusevater: „Aber ich habe doch gesehen, wie die Menschen in der Kirche, ganz besonders in Kriegszeiten, inbrünstig für Frieden beten!" Die alte Maus entgegnete: „Und, hast Du je gesehen, dass durch das Beten Frieden wurde? Das Beten beruhigt die Menschen, weil sie glauben, damit etwas Gutes zu tun. Aber es ist ganz umsonst. Natürlich, wenn sie möchten und wenn es sie beruhigt, mögen sie beten, genauso auch Deine Kinder. Aber helfen wird es nicht. Zeig Deinen Kindern, wo die besten Verstecke sind und zeig ihnen den Kater, wie er sich lautlos anschleicht. Damit hilfst Du ihnen wirklich."

Lehre: Vom Beten ist noch nie etwas besser geworden.

Siehe: Immanuel Kant in „Die Religion innerhalb der Grenzen der blossen Vernunft, IV. Stück: „Das Beten, als ein innerer förmlicher Gottesdienst und darum als Gnadenmittel gedacht, ist ein abergläubischer Wahn (ein Fetischmachen); denn es ist ein bloß erklärtes Wünschen gegen ein Wesen, das keiner Erklärung der inneren Gesinnung des Wünschenden bedarf, wodurch also nichts getan und also keine von den Pflichten, die uns als Gebote Gottes obliegen, ausgeübt, mithin Gott wirklich nicht gedient wird."

Der Kaiser und die Fliegen

Es begab sich, dass in einem Kaiserreich eine große Teuerung kam, da es schon im zweiten Jahr nicht regnete. Die Saat verdorrte und das Brot wurde so teuer, dass die Menschen hungerten. Als es zu arg wurde, liefen in den Städten die Einwohner durch die Straßen und riefen „Wir hungern – gib und Brot" und meinten damit den Kaiser. Dieser und sein ganzer Hofstaat lebten wie gewohnt weiter, feierten Feste und aßen sich jeden Tag satt. Da die Menschen sahen, dass ihre Rufe und ihre Demonstrationen nichts ausrichteten, versuchten sie, die Speicher des Kaisers zu stürmen, wurden jedoch von den Gendarmen des Kaisers zurückgedrängt und viele wurden in die Kerker geworfen. Als der Kaiser die Unruhen aus seinem Palastfenster sah, wurde er sehr ängstlich und fragte seinen ersten Minister, was man tun sollte. Der Minister dachte eine Weile nach und riet dem Kaiser wie folgt: „Seht Kaiserliche Hoheit, täglich sterben in Eurem Reich Menschen und niemand kennt ganz genau die Todesursachen. Ihr müsst nur verbreiten, dass die Fliegen die furchtbare Seuche verbreiten und alle Menschen aufrufen, jede Fliege mit einer Klatsche zu töten. Dann würde diese Krankheit nicht mehr wüten." So ließ es der Kaiser überall im Reich verkünden und plötzlich hatten alle Einwohner des Reiches nur noch das Ziel, alle Fliegen zu erschlagen. Ein jeder lief mit einer Fliegenklatsche herum und schlug überall hin, wo er eine Fliege sah oder vermutete. Darüber vergaßen sie sogar den großen Hunger. Das darauffolgende Jahr brachte viel Regen und warme Tage zur richtigen Zeit, so dass eine reichliche Ernte eingebracht wurde und endlich alle Menschen wieder satt wurden. Da sprach der Kaiser vom Balkon seines Schlosses und verkündete das Ende der schweren Krankheit, winkte mit einer großen Fliegenklatsche und dankte allen Menschen für ihren großen Einsatz bei der Ausmerzung der Fliegen und damit der Seuche. Die Menschen jubelten und dankten dem Kaiser für seine Weisheit. Dabei hatten sie ganz vergessen, dass die Angst vor der Seuche und den Fliegen, sie völlig von ihren Hungerdemonstrationen abgehalten hatte.

Lehre: Mit der Angst des Volkes lässt sich leicht herrschen.

Die Freiheiten von Königs Gnade

Als der alte König starb, kam sein ältester Sohn auf den Thron. Dieser war schon in reifem Alter und hatte die Welt und die Menschen studiert, ja er war bereits ein weiser Mann. Er erließ sofort das Edikt *„Über die Freiheit der Meinungsäußerung"*. Da alle Menschen die natürliche Freiheit haben, zu denken, was ihnen bliebt, und kein König oder anderer Herr das Denken kontrollieren oder beschränken kann, so verkünde ich hiermit: ein jeder darf in meinem Reich immer und überall seine Meinung sagen. Das gilt ganz grundsätzlich und ohne jede Einschränkung. Entspricht die geäußerte Meinung der Wahrheit, wird niemand Anstoß nehmen. Ist sie unrichtig, so wird es immer Menschen geben, die sie korrigieren. Ich, euer König und Herr, werde immer danach streben, dass mein Handeln dem Wohle des Volkes dient und ich fürchte nicht das Urteil meiner Untertanen." Der König wies seinen Minister an, alle Paragraphen zur Majestätsbeleidigung zu streichen. Sollte jemand beleidigende Worte über ihn oder eine andere Person äußern, so sind diese durch Richter zu prüfen und im Falle, dass die Beleidigungen als ungerechtfertigt erkannt werden, sind diese Personen über ihr Unrecht aufzuklären, aber nicht mit Strafen zu belegen. Die Herrschaft dieses Königs währte viele Jahre und die Menschen erfreuten sich ihrer Freiheiten. Als dieser König jedoch starb, wurde sein Sohn zum König gekrönt. Der neue König hatte nicht die Weisheit seines Vaters, sondern er war hochfahrend und eitel. Schon ein scheeler Blick eines Untergebenen versetzte ihn in Wut. Seine erste Amtshandlung war daher, dass er das Freiheits-Edikt seines Vaters zurücknahm. Nun mussten die Richter wieder jede, auch die geringfügigste Beleidigung verfolgen und es war den Untertanen nicht mehr gestattet ihre Meinung frei zu äußern. So herrschte er bis zu seinem Tod.

Lehre: Nur gute und ehrliche Herrscher können die Freiheit der Meinungsäußerung gestatten.

Des Königs Braten

Ein König war ein Großer Freund der Völlerei. Täglich aß er einen Großen Braten, mal war es eine Gans, mal ein Spanferkel. Eines Tages bekam er nach dem Braten große Bauchschmerzen und ihm war sehr übel. Das hielt drei Tage an und immer, wenn er an den Braten dachte, bekam er wieder Bauchschmerzen und ihm war ganz übel. Sein Leibarzt bestärkte ihn in der Überzeugung, dass der Braten schuld war und er unbedingt auf Fleisch verzichten muss. Das nahm der König sich sehr zu Herzen und verdammte alle fleischliche Nahrung. Von diesem Tage an verbot er in seinem Reich den Verkauf und Verzehr allen Fleisches und erließ ein Gesetz, dass alle Untertanen nur noch Gemüse und Getreideprodukte essen dürfen. Er glaubte ganz fest daran, dass er seinen Untertanen damit einen großen Dienst erweist und sie für alle Zeiten von Bauchschmerzen befreit. Für die Fleischer brachen schwere Zeiten an, denn sie konnten nichts mehr verkaufen. Auch die Bauern litten große Not, weil sie für ihre Schweine, Rinder, Schafe, Ziegen, Gänse und Enten, ja nicht einmal mehr für ihre Hühner Käufer fanden. Am meisten aber waren die vielen Menschen unglücklich, weil ihnen das gewohnte und geliebte Essen verboten war. So kam eine große Unzufriedenheit und Unruhe über das Land, weil alle leiden mussten, wegen der Bauchschmerzen ihre Königs.

Lehre: Wenn ein Herrscher seine eigenen Probleme auf das Volk überträgt, kann es übel ausgehen.

Der Schafshimmel

Ein Schaf machte sich Gedanken, ob es wohl nach dem Tod in den Himmel oder die Hölle kommt. Es fragte daher den weisen Uhu: „Du bist doch weise und fliegst durch den Himmel, kannst Du mir nicht sagen, ob ich nach dem Tod in den Himmel komme oder in der Hölle braten muss?" Der weise Uhu lächelte, doch man sah es nicht wegen seines Federkleides und er dachte bei sich ‚braten wirst Du ganz sicher, nur nicht in der Hölle'. Aber weil er Mitleid mit dem treu blickenden Schaf hatte, antwortete er: „Ganz sicher wirst Du in den Himmel kommen. Du siehst ja die vielen Schäfchenwolken. Das sind alles Deine Vorfahren, die jetzt im Himmel leben und die Wärme der Sonnenstrahlen genießen."

Lehre: Wenn Illusionen dazu dienen, das Leben zu erleichtern, darf man sie äußern.

Die Schuden und die Schütten

Einst gab es ein großes Volk, das sich selbst die Schuden nannte und einen schudischen König hatte. Ihre Sprache war Schudisch. Da dieses Volk sich sehr vermehrte, besiedelte es immer weitere Gebiete und so kam es, dass die Schuden im Süden bald etwas anders sprachen als die im Norden und sich selbst Schütten nannten und Schüttisch sprachen. Zwar verstanden die Schuden die Schütten und umgekehrt im Großen und Ganzen, aber beide Völker hatten auch bald Wörter, die nur die Schuden, bzw. nur die Schütten verstanden. So kam es, dass diese zwei Völker, obwohl aus gleichem Stamme, sich zunehmend als eigenständige Völker mit eigener Sprache, eigenen Liedern und eigenen Traditionen verstanden. Da kam ein reicher Schütte auf den Gedanken, dass er ein eigenes Reich gründen kann. Er rief dazu auf, den schudischen König nicht mehr als den ihrigen anzuerkennen und krönte sich zum schüttischen König. Er sah die einmalige Chance, sich und seine Familie zu erhöhen und zu bereichern. Dieser König verkündete seinem Volk, dass es von den Schuden unterdrückt werde und sich von diesem Joch befreien muss. Der schudische König wiederum, sagte seinen Schuden, dass die Schütten nur eine abtrünnige Gruppe wäre, die einen schudischen Dialekt spricht und eigentlich zum schudischen Reich gehört. Der schudische König hatte große Angst, die schüttischen Untertanen, ihr Land und ihre Reichtümer zu verlieren. Die Folgen waren für beide Völker schrecklich: man führte gnadenlose Kriege miteinander und mordete und brandschatzte. Die Bauern verloren auf beiden Seiten nicht nur ihre mühsam erarbeiteten Kornvorräte und ihr Vieh, viele verloren auch ihr Leben. Zwar fragten einige Bauern und einfache Leute, warum diese Kriege geführt werden, aber sowohl der schudische, wie der schüttische König verfolgten sie und verboten alle Wünsche nach Fraternisierung.

Lehre: Wenn Völker gegeneinander aufgebracht werden, stecken immer die Interessen ihrer Herrscher dahinter.

Der hilfreiche alleinherrschende Gott

Ein König herrschte einst über ein großes Land, in dem die Menschen eine Vielzahl von Göttern verehrten. In fast jedem Dorf hatte man einen kleinen Tempel für einen lokalen Gott; mancherorts wurden auch alte Bäume oder besonders geformte Felsen angebetet. Diese lokalen Götter hatten ihre lokalen Priester, die wieder von lokalen kleinen Herrschern abhingen. Der König hatte in seinem Land oft Unruhen, weil die Menschen sich wegen ihrer verschiedenen Götter bekämpften und dem König war es auch nicht möglich, eine große Armee aufzustellen, in dem die verschiedenen Gläubigen seinen Befehlen gehorchen. Es war für das Land und die Herrschaft des Königs sehr nachteilig, dass die göttlichen Regeln alles andere als einheitlich waren, sondern sich oft widersprachen. Als der König über diese Situation lange nachgedacht hatte, kam ihm die Erleuchtung, dass es nur einen Ausweg gibt: er musste alle Einwohner seines Reiches zu *einem* Glauben und *einem einzigen* Gott bekehren. So ließ er seinen Oberprediger eine Buch ausarbeiten, in dem er den einen, großen und allmächtigen Gott ausrief, den alle Untertanen anbeten sollten. Diesem Gott sollte kein Abbild gemacht werden und er sollte auch keinen Namen tragen. Er war als ‚Der Allmächtige' anzurufen. Davon waren die Untertanen des Königs leicht zu überzeugen, denn jeder konnte dabei an seinen alten Gott denken. Damit des Königs Herrschaft nun auch gesichert wurde, sollte ‚Der Allmächtige' ein furchtbarer und eifersüchtiger Gott sein, der alle, die ihn nicht anbeten wollten, vernichtet. Als der König diesen Glauben seinen Untertanen durch den Oberprediger verkündete, breitete sich eine große Angst unter den Menschen aus. Nur wenige widerstanden und hielten zu ihren alten Göttern. Diese wurden mit Schwert und Galgen vom Leben zum Tode gebracht. Schon bald hatte der König sein Reich in fester Hand und konnte so regieren, wie er wollte.

Erste Lehre: Mit einem einzigen Gott lässt sich leichter regieren, als mit einer Vielzahl von Göttern.

Zweite Lehre: Der Gottesglaube, ob an einen einzigen Gott oder an viele Götter, dient vor allem den Herrschenden zum Beherrschen der Menschen durch Unterdrückung eigenen Denkens und Handelns.

Eine Redaktionssitzung der Wald- und Wiesenzeitung (WWZ)

Im Reich der Tiere gab es eine demokratisch gewählte Regierung: der Präsident war ein Wolf und seine Minister waren Füchse. Es gab auch eine Zeitung, die Wald- und Wiesenzeitung (WWZ), die im ganzen Land gelesen wurde. Der Chefredakteur und alle Mitglieder seines Redaktionskollegiums waren Hasen. Neben alten Hasen, waren dort auch ganz junge, die darauf hofften, später große Resorts zu leiten. Bei einer Sitzung der Redaktion meldete sich stürmisch ein junger Hase und sagte: „Ich habe sichere Nachricht, dass ein Wolf im Nachbardorf ein Schaf gerissen hat!" Darauf sagte ein anderer junger Hase: „Und ich weiß, dass ein Fuchs im gleichen Dorf ein Huhn gefressen hat!" Der alte Chefredakteur zog seine Augenbrauen hoch und lies die großen Ohren herabhängen. Dann sprach er: „Ihr beide seid noch sehr junge Hasen und offenbar glaubt ihr alles was man so erzählt. Dabei wissen wir doch alle, dass die Füchse und Wölfe Vegetarier sind. Ich stand erst gestern auf einer Wiese, über die ein Fuchs lief und immer wieder am Gras gekaut hat. Er hat mich gar nicht beachtet. Ihr jungen Hasen dürft nicht solchen Mythen aufsitzen. Das sind ja richtige Verschwörungstheorien! Das ist alles ganz unwissenschaftlich. Wir stehen einer wissenschaftlichen und demokratischen Zeitung vor und wir dürfen die Tiere in unserem Reich nicht belügen oder mit dem Gerede irgendwelcher Dahergelaufenen verunsichern." Es war deutlich, dass er keinen Widerspruch duldete. Da ließen alle Hasen die Ohren hängen und guckten auf den Fußboden.

Lehre: Nur sehr mutige Abhängige werden die Wahrheit sagen oder schreiben.

Ein Selbstmord

An einer tiefen Schlucht, saßen auf einer hohen Fichte zwei Eulen. Sie öffneten gerade ihre Augen, denn es dämmerte bereits und sie hatten den ganzen Tag über geschlafen. Da sahen sie, wie eine junge Frau zu einem vorspringenden Felsen ging und ganz nahe an den Abgrund trat. Da sagte die Eulenfrau zu ihrem Mann: „Um Himmels Willen, sie kann abrutschen und in den Tod stürzen. Du musst sie warnen." Da erwiderte der Eulenmann: „Du hast recht. Ich werde so vor ihr langfliegen, dass sie erschrickt und zurückweicht." Schon flog er lautlos auf und an der jungen Frau so vorbei, dass sie erschrocken zurück trat. Aber dann ging sie wieder nach vorne und sah in den Abgrund. Da flog die Eule erneut an ihr vorbei, die junge Frau ging zurück, und so wiederholte es sich noch mehrere Male. Schließlich blieb die Eule auf ihrem Ast sitzen und sagte: „Ich kann ihr nicht helfen. Vielleicht will sie nur ins Tal sehen." Danach beobachteten die beiden Eulen, wie die Frau sich am Abgrund niederkniete, den Blick in den Himmel richtete und sich hinunterfallen ließ. Weit unten lag sie nun zerschmettert am Boden. Da sagte die Eulenfrau: „Sie wollte sich wohl herunterstürzen und sterben. Aber wie kann man so etwas tun? Hast Du jemals ein Tier gesehen, dass sich selbst tötet?" Der Eulenmann antwortete: „Nein, ich kann mich nicht erinnern. Vielleicht liegt es daran, dass die Menschen wissen, was morgen geschieht. Wir wissen nur was gestern war und heute ist, aber die Menschen sprechen, das habe ich oft gehört, von morgen und der Zukunft. Vielleicht wusste sie, dass ihr morgen ein großes Unglück zustoßen wird."

Lehre: Die Menschen glauben zu wissen, was morgen oder in der Zukunft geschieht. Es ist aber meistens nur ein Glaube und kein Wissen, es sei denn es gründet auf exakter Wissenschaft.

Das Urteil über die Wahrheit

Ende des 19. Jahrhunderts, ein ehrwürdiger Hörsaal einer alten Universität:

Als der Professor der Medizin seine Vorlesung über die Anatomie des Menschen beendet hatte, ging ein Student zu ihm und sagte: „Herr Professor, darf ich Ihnen eine Frage stellen?" Der Professor: „Aber ja, junger Mann, fragen Sie nur! Wer fragt, soll eine Antwort bekommen und kann immer etwas lernen." „Herr Professor, ich habe gehört, dass ein englischer Wissenschaftler die Meinung vertritt, dass wir Menschen von den Affen abstammen. Die Anatomie von Affen und Menschen ist ja wohl auch sehr ähnlich und weil Sie die Anatomie an unserer Alma Mater vertreten, würde ich gerne wissen, was Sie von dieser neuen Theorie halten." „Junger Mann, ich habe davon auch gehört und kann Ihnen nur sagen, dass praktisch alle meine Kollegen, darunter sind die größten Koryphäen meines Faches, diesen Unsinn ablehnen. Glauben Sie vielleicht, dass sich 99,99 Prozent der Professoren aller Universitäten der größten Kulturnationen der Welt irren könnten? Sie sollten den gestandenen und seriösen Wissenschaftlern vertrauen und sich nicht von einigen wenigen irregeleiteten und unverantwortlich redenden Wirrköpfen verleiten lassen. Sie sind noch ganz am Beginn Ihrer wissenschaftlichen Laufbahn und da müssen Sie Vertrauen in die Weisheit der Mehrheit haben."

Lehre: Über wissenschaftliche Wahrheiten entscheiden nicht Mehrheiten, sondern nur exakte wissenschaftliche Prüfungen.

Pusten hilft

In einem fernen Königreich litten die Menschen sehr unter der Steuerlast und es kam immer öfter zu Unruhen, die den König sehr beunruhigten und er sann über eine Möglichkeit nach, seinen Sturz zu verhindern. Schließlich ließ er seinen Hofmeteorologen kommen um sich beraten zu lassen. Nach einigem Nachdenken sagte dieser „Majestät, ich glaube es gibt eine Möglichkeit, dem Volk zu erklären, dass es eine ganz schreckliche Gefahr gibt, die nur unter Mithilfe aller Menschen des Königreiches abgewendet werden kann: es besteht nämlich die Gefahr, das fürchterliche Stürme alle Dörfer, Städte, Wälder und Felder des Reiches vernichten. Wenn das verhindert werden soll, so müssen nur alle Menschen den Kampf mit dem Wind aufnehmen und aus vollen Kräften dem Wind entgegen pusten." Da meinte der König „Mein lieber Hofmeteorologe, an Ihnen ist ja ein Politiker verloren gegangen. Ich danke Ihnen ganz herzlich für diesen genialen Einfall! Verkünden Sie nur unverzüglich dem ganzen Volk, was es tun muss, um diese schreckliche Gefahr abzuwenden." Und so geschah es, dass alle Menschen auf die Straßen und Wege gingen und aus vollen Lungen dem Wind entgegen pusteten. Sogar der König selbst zeigte sich auf seinem Balkon und pustete gegen den Wind. Allerdings gab es auch ein paar alte Gelehrte, die offen sagten, dass die Menschen, auch wären sie tausendmal mehr, gegen den Wind nichts ausrichten können. Diese wenigen wurden aber vom Volk beschimpft und mussten sich am Ende in ihre Häuser zurückziehen und die Türen fest verschließen, damit man sie nicht noch totschlägt. Nun gab es aber auch Tage, an denen nicht das kleinste Lüftchen wehte und die Menschen nicht mehr pusten wollten. Da erklärte der Hofmeteorologe „Wenn auch das kleinste Lüftchen nicht mehr weht, wird es keinen Regen geben und Eure Felder werden verdorren. Ihr dürft auch an solchen Tagen das

Pusten nicht aufgeben!" Das verstanden die Menschen sehr gut und pusteten weiter, alle in eine Richtung, die der Hofmeteorologe ihnen angab. Vom vielen Pusten waren die Menschen abends sehr ermüdet und vergaßen die Sorgen um das Bezahlen der Steuern. Auch hatten jetzt alle das wunderbare Gefühl, an einer großen Tat fürs Vaterland gemeinsam mitzuwirken. Bald verteilte der König Orden an die stärksten Puster und freute sich über die Ruhe in seinem Reich.

Lehre: Die Menschen lassen sich leicht von den wirklichen Problemen ablenken, wenn man ihnen nur passende Scheinziele setzt.

Der ängstliche Bauer

Ein Bauer hatte eine große Herde Rinder mit einem Stier, eine Schafherde mit mehreren Widdern, zwanzig Gänse mit einem Ganter, Hühner mit einem Hahn und sechs Schweine mit einem sehr starken Eber. Immer plagte ihn die Angst, was wohl wäre, wenn sich seine Tiere gegen ihn verbrüdern würden. Mit Sorge sah er, dass sie sich alle untereinander offenbar gut verstanden, aber ihm gegenüber oft zornig wurden. So zwickte ihn der Ganter ins Bein, dem Stier konnte er sich auf der Weide nicht nähern, ohne dass dieser seinen Kopf senkte und mit seinen Hörnern drohte. Dem Eber konnte er genauso wenig über den Weg trauen, wie dem Widder. Er sann daher auf eine Möglichkeit, die Verbrüderung der Tiere zu verhindern: so ging er zu den Kühen und sagte ihnen: „Ihr seid mir die besten und schönsten Tiere. Eure Milch ist die schmackhafteste und nicht vergleichbar mit der Schafsmilch. Mir scheint, ihr seid mit dem Stier auch die stärksten Tiere auf meinem Hof." Das hörten die Rinder mit großer Freude und blickten triumphierend zu den Schafen, die gerade weit genug entfernt waren, um die lobenden Worte des Bauern nicht zu hören. Bei guter Gelegenheit sprach er mit den Schafen und sagte: „Ihr seid meine Lieblingstiere. Eure Wolle wärmt mich und Eure Rufe (er vermied ‚Euer Blöken' zu sagen) erfreuen mich jeden Tag. Die klingen doch viel lieblicher als das Muhen der Rinder." Das schmeichelte den Schafen und sie blickten verächtlich zu den Rindern. So sprach der Bauer nacheinander noch zu den Gänsen, Schweinen und Hühnern und fand für alle neue Schmeicheleien. Schon bald beobachtete der Bauer, wie die verschiedenen Tierarten sich gegenseitig mieden und mal triumphierend, mal verächtlich einander ansahen. Der Bauer konnte sich nun sicher sein, dass sie sich niemals gegen ihn verbrüdern werden.

Lehre: Divide et impera (teile und herrsche)!

Klagen der Tiere über ihre Namen

Bei einem hohen Gericht haben eine Reihe von Tieren Klagen wegen Diskriminierung eingereicht. Die Gänse klagten auf Änderung ihres Namens: „Wir müssen immer wieder hören, dass Menschen sich als ‚dumme Gänse' beschimpfen. Das ist eine unerträgliche Diskriminierung. Wir sind nicht dumm. Wir wollen nicht mehr als Gänse bezeichnet werden". Die Schweine klagten, dass die Menschen oft sagen, dass jemand wie ein Schwein isst oder sich wie ein Schwein benimmt. „Wir Schweine fressen eben wie wir es gewohnt sind und wir benehmen uns auch nicht schlecht. Man soll uns nicht mehr Schweine nennen" Die Kamele klagten: „Manche Menschen bezeichnen andere Menschen als Kamele, wenn sie sich ungeschickt verhalten. Das tun wir nie. Wir verdienen nicht den Namen Kamele" Die Ratten klagten, dass die bösartigsten, hintertriebensten und widerlichsten Menschen oft als Ratten bezeichnet werden. Auch sie wollten einen anderen Namen. Die Schlangen klagten, dass hinterlistige und verschlagene Menschen als Schlangen bezeichnet werden und hielten entgegen, dass sie sich dadurch in ihrer Ehre tief verletzt fühlten. Fast alle Tiere begehrten, einen anderen Namen von den Menschen zu erhalten. Nur die weise Eule, der kluge Marabu, der schöne Schwan, die Nachtigall, der Adler und einige andere Tiere waren mit ihren Namen zufrieden. Das hohe Gericht hörte sich alle Klagen an und entschied, dass die Gänse fortan als ‚Weißfedern', die Schweine ‚Borstelchen', die Kamele ‚Wüstenschiffe', die Ratten ‚Kuschelchen', die Schlangen ‚Ringelchen' genannt werden müssen. Alle Kläger bekamen freundlich klingende neue Namen. Allerdings hat das nichts daran geändert, dass die Menschen weiterhin ihre wenig schmeichelhaften Vergleiche zogen.

Lehre: Nicht die Namen und Worte sind schuld, wenn sie von den Menschen missbraucht werden.

Die unbesiegbare Zeit

Einst lebte ein König und als er schon recht alt war, begann er sich Sorgen um das Ende seines Lebens zu machen. In jedem Zimmer seines Palastes hatte er eine Uhr, die ihm beständig die voranschreitende Zeit vor Augen hielt und, selbst wenn er nicht hinsah, durch ihr Ticken daran erinnerten, dass auch seine Lebenszeit abläuft. Er gab daher den Befehl, alle Uhren aus dem Palast zu entfernen, doch der Wechsel von Tag und Nacht blieb ihm als Zeitmesser erhalten. So befahl er, dass alle Fenster verdunkelt werden und nur eine Petroleumlampe sein Zimmer erhellt. Die Lampe musste ständig gewechselt werden, damit er auch nicht den Verbrauch des Petroleums bemerken konnte. Langsam verlor er das Gefühl für die Zeit und aß und schlief zu den ungewöhnlichsten Zeiten. Da erschien ihm ein Geist, der ihm sagte „Ich bin der Geist der Zeit. Du willst mich aus Deinem Palast vertreiben und glaubst dadurch unsterblich zu werden. Aber ich bin auch in Dir. Sieh nur, wie Deine Haare und Fingernägel wachsen, wie Du langsam gebrechlicher wirst. Du kannst mich nicht besiegen. Es wäre leichter für Dich, wenn Du die Uhren wieder aufstellen lässt und die Vorhänge aufziehst. Dann kannst Du Dich Deiner Stunden und Tage erfreuen und hast mich als steten Begleiter und Freund. Verstehe, dass man mir nicht entrinnen kann."

Lehre: Es gibt keine Zeit ohne Veränderung und keine Veränderung außerhalb der Zeit.

Siehe: Augustinus schreibt „Was ist denn die Zeit? Wenn mich Niemand fraget, weiß ich es, wenn ich es aber dem Fragesteller erklären will, weiß ich es nicht; jedoch sage ich frey heraus, daß ich es weiß, daß, wenn nichts vorüberginge, keine vergangene Zeit, und wenn nichts herbeykäme, keine künftige Zeit, und wenn anitzt nichts wär, keine gegenwärtige Zeit wär." („Des heiligen Kirchenlehrers Aurelius Augustinus, Bischofes zu Hippon,

Bekenntnisse in dreyzehn Büchern" Augsburg 1783, S. 446 (14. Hauptstück), verlegt bei Matthäus Rieger)

Der Krieg zwischen den Löwen und Tigern

Die Löwen und Tiger führten einst einen langen und blutigen Krieg, weil sie die Beutetiere nicht miteinander teilen wollten. Das beobachteten die Affen auf den Bäumen sitzend und feuerten abwechselnd mal die eine, mal die andere Partei an. Für sie war es eine willkommene Unterhaltung. Ganz anders hielten es die Hyänen. Für sie war es belanglos, wer aus diesem Krieg als Sieger hervorgehen wird, denn sowohl die Löwen, wie die Tiger hinterließen Aas, über das sie sich hermachen konnten. Deshalb beobachteten sie das Schlachtgeschehen aus gebührender Entfernung und hofften, dass auf beiden Seiten noch starke Kämpfer überleben werden. Die Esel hatten sich entschieden, auf der Seite der Löwen zu sein und verrieten deshalb die Stellungen der Tiger durch ihr übermäßig lautes Schreien, hoffend, dass die Löwen es ihnen nach ihrem Sieg verlohnen werden. Die Geier beobachteten die Kämpfe sehr aufmerksam und bemerkten, dass die Löwen und Tiger durch die Kampfhandlungen so geschwächt wurden, dass der Krieg wegen Erschöpfung der Kämpfenden zu enden drohte. Das wäre aber auch für die Geier nicht gut, weil auch sie sich am Aas bedienten. So entschieden sich die Geier, beiden kämpfenden Parteien von Zeit zu Zeit ein Lämmchen vom Himmel fallen zu lassen, damit die Löwen und die Tiger nicht vor Erschöpfung aufgeben müssen. Die Rechnung der Hyänen und Geier ging auf. Der Krieg endete mit einem Waffenstillstand und die Löwen und Tiger besetzten getrennte Territorien. Nur die Esel hatten sich verrechnet. Als die Kämpfe eingestellt waren, fielen die Löwen über die Esel her, denn ihr Hunger war noch lange nicht gestillt.

Lehre: Die Menschen haben viel mit den Tieren gemeinsam und sollten sich nicht besser dünken.

Anstelle eines Nachwortes

- Zweifeln ist die Basis allen Lernens, aller Wissenschaft und der wahren Freiheit des Denkens.

- Man sagt, Lügen hätten kurze Beine, aber das stimmt nur für die kleinen Lügen. Die größten Lügen haben die längsten Beine.

- Kleine Lügen können im Leben helfen, große Lügen aber sind oft die Grundlage der großen Politik.

- Wer berät am besten die Kaiser, Könige und Präsidenten? Weise, alte Frauen und Männer, die arm sind und nichts anderes von den Entscheidungen der Großen erhoffen, als Frieden und Wohlstand für die Menschen.

- Nichts ist schlimmer als eine zerstörte Hoffnung.

- Hoffnung lässt uns leben, Wahrheit manchmal sterben.

- Es gibt keine Glaubenskriege, sondern nur Kriege um Geld und Macht.

- Die Liebe der Kinder kannst Du nicht erzwingen, Du musst sie erwerben.

- Nur das Heute umfasst drei Zeiten, die gerade vergangene, die augenblickliche und die gerade entstehende.

- Dummheit ist die Mutter des Hochmuts.

Über den Autor

Fritz Scholz (*1955) ist Chemieprofessor im Ruhestand. Er arbeitete auf dem Gebiet der Elektrochemie und Elektroanalytik, gründete zwei wissenschaftliche Zeitschriften (1997 das *Journal of Solid State Electrochemistry* und 2015 *ChemTexts – The Textbook Journal of Chemistry*, beide bei Springer) und die Reihe *Monographs in Electrochemistry* (Springer). Seine Liste wissenschaftlicher Publikationen umfasst 333 Originalarbeiten in Zeitschriften und 41 Bücher, die er als Herausgeber oder Mitautor veröffentlicht hat. Neben der Elektrochemie gilt sein Interesse der Geschichte der Wissenschaften und den Sprachen. Er ist seit 1977 mit PD Dr. Gudrun Scholz verheiratet, Vater einer Tochter und eines Sohnes und Großvater zweier Mädchen.